www.tredition.de

AF185440

Hanna Syriah

Penthesilea und Ich

Gedichte

© 2020 Hanna Syriah

Verlag und Druck: tredition GmbH, Halenreie 40-44, 22359 Hamburg

ISBN
Paperback: 978-3-7497-9657-1
Hardcover: 978-3-7497-9658-8
e-Book: 978-3-7497-9659-5

Polly

So rasch dahin

Das Strömen das Springen

Das Laufen das Necken

So rasch dahin

Es bleibt die tiefe Freude,

dass Du bei uns warst

Kurz, aber Du warst da!

Alles ist Wüste

Die Bewegung geht nach außen.

Ich strecke die Arme aus

Spreize meine Hände-

Spanne alles an- die Energie spritzt aus meinen Fingerspitzen

Ich strecke die Arme aus –

Nach Dir, nach Deiner Berührung

Ich möchte Dich fassen, Dich mir einverleiben,

Dich begreifen.

Doch ich gehe leer aus.

Die tönernen Hüllen verfolgen mich. Ich kratze nach dem

Inhalt, sobald ich eine zu fassen bekomme.

Staub ist alles, was sie enthalten.

Du spitzt den Mund und bläst ihn fort.

Staub von immerdar – aus den vielarmigen Zeiten.

Wind kommt auf über der Wüste.

Rötlich brauner Sand wird aufgewirbelt.

Er erhebt sich drohend und vernichtend

Die tönernen Rollen kannst Du nun suchen.

Darunter, darunter.

Geborgenheit

Es ist winterlich kalt-

Trotzdem ist Dein Herz bei mir.

Ein leiser Wind kommt auf.

Er bringt den kalten Nebel vom See –

In Fetzen nur streicht er über den

abgeernteten Garten

Du stehst hinten am Ende des Gartens mit ausge-
breiteten Armen

Doch der Wind streicht so weiß über dein Gesicht,

dass ich es nicht fassen kann.

Liebe

Sogar die Gräser sehe ich nicht mehr,

Schnee fiel über Nacht.

aber das Licht im Hause des Nachbarn brennt noch

Wer streicht da durch den Garten auf leisen Sohlen?

Bist Du es oder der Fuchs, der immer auf der Hut ist,
da er nicht weiß,

ob er dir wirklich trauen kann.

Wer bist Du? Der Du immer im Sommer sanft lächelnd auf den Rechen gestützt dastehst und

Mit blinden Augen durch alles hindurchsiehst.

Du siehst mich nicht – oder doch?

Es ist immer schön in den Bergen

Hinaustreten ins Weite

Hinabfallen ins Licht.

Oh Wunder

Wie tief Du fallen kannst

Hinab

Hinab durch den Eiskanal

Weiter immer weiter

Gibt es ein Ende?

Was steht dann da geschrieben im blauen Eis?

Mein Name , dein Name oder einfach nur

Am Ende.

Ein Leben

Sanft hinab

Das Blatt

Du

Gelb mit roten Adern

Verwelkt

Hinab

Und doch frei- jetzt endlich.

Wie ein Blatt im Wind sein

Fest verbunden warst Du

Der Wind bewegte dich

Und doch erst frei im Tod

Dann segelst du

Hinab hinab

Zertreten

Kehrst Du zur Erde zurück.

Hephaistos

Du legst eine Blüte auf das Eisen

Es ist eine Bitte –

Du weißt nicht, ob er ihr nachkommt.

Er betritt den Raum rußig und schwarz

Mit glänzend weißen Augäpfeln

Alles drängt ihn hin zu dieser Blüte

Kurz aufschauend zu dir, blickt er gleich wieder

fort. Weit hinaus geht sein Blick

Der Götter Rat könnte auch ihm gelten.

Meint er.

Dann kehrt sein Blick zurück zu dir, zur Blüte.

Seine Augen schwimmen- jetzt weißt Du, dass es
Blüten regnen wird.

Zukunft

Angst Wut Ärger

Jenseits der Schranke

Ein neues Land Jenseits

von allem Setzt Du den

Fuß darauf Ein Boden,

der trägt Erstaunen

Ungläubigkeit

Doch Du bleibst unbeirrt

Schritt für Schritt.

Zusammen

Gehörig

Und doch trennt man sich immer wieder

Für Stunden für Tage

Um dann wieder

Zusammen

Gehörig

Beisammen zu sein

Ihr leuchtet jeden Tag

Zusammen so sehr

Deshalb haltet Ihr die goldenen Enden des Bandes

Lose in euren Händen

Für Stunden und Tage

Für Lena zur Hochzeit am 29.04.2016

Mein Herz so rein

Es leuchten für uns die Blumen am Wegesrand:
Die Primeln, der Hahnenfuß, der Klee
So gelb wie der Löwenzahn sind Deine Zähne
So rot wie die Rosen ist mein Herz
Aber es blutet in dicken Tropfen
Es tut so weh
Aber nicht lange - dann ist es weiß wie die Lilie
Es klopft nicht mehr
Vor Aufregung und Angst weiß und starr sage ich
Edel und rein sagen die Herren.

Auferstehung

Zurück bin ich

Ganz klein noch

Aber hier

Die Todesbandagen sind abgewickelt

Zur Stunde der Schlange bin ich aus dem Toten-
reich zurückgekehrt

Unversehrt

Aber schwach

Mit weißer Haut- kein Sonnenlicht wärmte mich dort

Es ist eine Ambivalenz in der Dankbarkeit.

Für die, die mich ausgewickelt hat, denn sie ist

Verschwunden in der Weiße des Bodens

Das Gewimmel der Maden hat sie aufgenommen.

Leben muss ich nun alleine.

Sie hat mich gestützt, als ich wankte. Jetzt ist sie

fort. Der Gang hinaus: ins Weite? Ins Blaue ?

Wohin nur ?

Ein Gartenbild

Ein Fächer an Rottönen ist in meinem Garten

Meine Zinnien fallen hunderte von Abstufungen hin-
ab

Von rot bis lila- mein Auge kann es nicht fassen.

Ein Punkt hin ein Punkt her

Du stehst dazwischen

Schaudernd suchst Du Deinen weg

Vorsichtig tastend

Denn auch Spektren können sich verschieben

Und auch Du wirst abgemessen

Der Apotheker

Legt dich auf die eine Seite -auf die andere Seite
kommen winzige Gewichte.

So kommt man nicht voran.

Aber wohin soll es denn gehen?

Ende des Lebens

Vielleicht trägst Du mich

Hinein in die Wogen

Und tauchst mich unter

Wie einen Stein

Denn so schwer bin ich geworden

Von all dem Leben, das zu mir kam.

Udine

Mit diesen langen Haaren

Im Wasser

Sie heben sich hoch und sind überall

Rechts, links auf allen Seiten

Große geöffnete Augen

Du schwebst

Du lächelst

Du lebst

Wirklich?

Das ist dein Element?

Wirklich ?

In den Bergen

Allein plötzlich

Bei einer Bergtour im Winter

Nebel steigt auf – kein Oben mehr kein Unten

Ein dünnes Schneefeld zieht sich den Berg hinauf.

Keine Geschäftigkeit mehr

Du bist hinausgefallen

Horchend lauschend

Es strömt um dich herum.

Was ist das?

Ist all die von den Menschen verbrauchte Zeit hierher
gestiegen, um bei dir zu sein?

Um von Dir gesehen zu werden?

Du gehst durch all diese Schicksale hindurch und
bleibst doch unberührt.

Wach auf!

Im Norden

Alles liegt still und klar
Der See drüben
Und dieser auch hinter deinem Rücken
Der Kunckel
Schon wieder fallen die Blätter von den Birken
Sie drehen sich im Fallen wie Du.
Papieren dünn, fast geräuschlos.
Der Wind holt sie sich leicht.
Ein kleiner Dreh.
Kein Rot mehr
Das ist der Anfang von allem
Das siehst Du auch!

Gartenelegie

Tief hinten im Garten

Glaubst Du etwas zu finden

Einen Ammonit vielleicht oder eine goldglänzende
Fibel

Es blinkt und lockt dich an

Aber tief hinten im Garten ist nichts

Nur ein Erdloch, das Du im Sommer gegraben hast,
um einen Baum zu pflanzen.

Und doch blinkt etwas wieder und wieder

Eine Bewegung ein kreisrunder Tanz, die Arme an-
gewinkelt

Die Handflächen zeigen nach oben, immer rundher-
um

Es sind die Schweißtropfen, die auf den weißen
Blü-ten des Quittenbaumes blinken.

Spektralfarben

Weiße Gardinen füllen den Raum
Der Wind bauscht sie hinein
Weit hinein in den Raum
Große Flügeltüren wie in einem Schloss stehen offen
Du mittendrin
Wie Dämonen schlagen sie um sich
Du schlägst zurück, doch kein Widerstand trifft auf
Deine Faust
Sie klatschen in dein Gesicht unaufhörlich
Noch ist dein Blick unverstellt
Du suchst nach den offenen Türen
Und das weite Land dahinter
Dein Herz ist dir abhanden gekommen von all der
Mühsal des Schlagens
Dein Leben unbehaucht
Doch eines Tages wirst du über die Schwelle treten
Sonst weißt Du nichts.

Rappenreiter

Die weißen Pferde stürmen den Hügel hinab.

Die Mähnen, die Schweife, die Nüstern beben.

Die Flanken voller Schweiß.

Von dem schneebedeckten Hügel rollen sie eine

Kugel herab.

Es ist die Erde mit alle ihren Erdteilen, Flüssen, Ber-
gen, Kümmernissen und Kriegen,

Gebeten , Freuden und Leid, die hier hinabgetrieben
wird

Hoppla- eine Schneekugel wird daraus.

Hoppla – größer und größer und größer

Als nichts mehr geht, bleibt sie einfach liegen. Keine

weißen Pferde mehr.

Donau

Die Donau der Fluss meiner Kindheit

Wenn er nicht mehr durch mich hindurch strömt

Was wäre dann mit mir?

Jeden Sommer hat er mich aufgenommen und mich
umarmt

Mit weit ausgestreckten Armen.

Jetzt da mein Ich zersplittert und ungeliebt ausge-
spuckt wurde

Tippe ich nur noch vorsichtig mit den Zehen hinein

Er würde mich auch so aufnehmen

Mit Haut und Haaren

Ungeliebt.

Berlin

Wir fassen uns an den Händen
Und gehen Hand in Hand durch den Tiergarten.
Winterlich eisig fährt der Wind unter unsere Mäntel.
Der Eiskanal nach Königsberg ist immer noch offen.
Wir sollten erschauern, aber wir blicken uns in die
Augen und es schimmert eine Liebe durch wie aus
Goldstaub auf uns geschüttet , wir schreiten durch
das Brandenburger Tor, das man für uns geöffnet hat
-uns immer noch an den Händen haltend-

wissend , dass es ein Wunder ist, das uns hier –

mitten im Eis-kanal durch das Ende des 20.
Jahrhunderts ,
durch den Kegel hindurchschlüpfen lässt, in die Welt
jenseits davon .
Wir erschauern erst dann.

Isonzo I

Wenn ich an Dich denke,

habe ich plötzlich den Mund voller Sand.

Es ist der Isonzo, der mich mitgenommen hat

Hinunter zum Adriatischen Meer,

er hat mich aus den Höhlen des Karstgebirges her-
ausgerissen

und zu Dir gespült

in deinen Armen liege ich nun.

Eine Flussgöttin bin ich

Oder ein Küken, kaum dem Ei entschlüpft- voll nas-
sem Flaum

Du runzelst die Stirn, denn an Liebe hast Du nicht
mehr gedacht.

Du reichst mir die Hand entschlossen einen neuen
Reigen im uralten Takt zu beginnen.

Du reibst mich trocken, das ist alles, was Du zu tun
vermagst.

Erleuchtung

Kali – Du Göttin über Fliesen voll mit Blut thronst Du

Das Messer immer gezückt, tötet man für Dich

Alle Fäden, die aus unseren geborstenen Körpern
hervorstehen, schneidest Du ab,

Illusionen vor allem. Und Wünsche.

Ich gehe auf der weißen Linie, die unsichtbar auf
dem Boden gezeichnet ist

Du Zerstörerin meiner Sehnsüchte, den schwarzen
Abgrund rechts und links fürchtend.

Du dröhnst mir entgegen: Es sind Geschenke, die
da auf deinem Weg liegen.

Du dröhnst mir entgegen: Alle sieben Himmel sind
zerschmettert!

Kein Drängen und Stampfen mehr in mir

Die Hände gebunden.

Alle Öffnungen meines Körpers verschlossen.

Du zeigst mir die klirrende Kälte und das Fallen
durch das Eis

Der Boden ist voller Blut, ich taumle und versuche
nicht auszurutschen.

Wie immer

Ich möchte immer weitergehen

Nie stehenbleiben

Nie innehalten

Kein Licht hinter mir löschen müssen

Immer alles zur Verfügung haben

Mich nicht bescheiden müssen

Frei sein.

Nicht um ein Ende wissen

Gibt es denn ein Ende? Wirklich ?

Wohin geht meine Energie nach meinem Tod?

Wohinein löse ich mich auf?

Liebst Du mich dann nicht mehr,

wenn wir nicht mehr Hand in Hand gehen können

bin ich dann für dich ein Bild in der Luft

äthergleich, flirrend.

Sind wir alle Luftwesen, die geistergleich die Erde
bevölkern?

Doch wir stehen da Schulter an Schulter und lieben
uns und unsere Körper schmerzen, wenn wir uns mit
unseren Armen nicht mehr umschlungen halten.

Alles ungelöst – alles offen.

Die Hände weit ausgestreckt.

So weich ist alles.

Wie der Schnee, der taumelnd vom Himmel fällt.

Alltag

Wenn Du mich fragst, wohin alles führt

So weiß ich nur, jeden Tag den Kopf heben

Jeden Tag alles neu zusammensetzen

Jeden Tag den Blick schärfen

Den Pinsel bereit zum Eintauchen

Denn wenn sich der Zeisig mit seinem roten Gefieder
am Kopf auf dem Ast vor meinem

Fenster niederlässt

(wenn er es doch endlich täte!)

Dann würde ich sofort den Pinsel in die schwarze
Tinte eintauchen

Und über den kahlen Ästen wäre ein roter Punkt und
luftiges Gefieder,

voller Gesang die Luft

(wenn er es denn täte!)

Ich bin sicher, dass er eines Tages seine Federn
spreizen wird und sich auf dem Ast niederlassen

Und dann tauche ich den Pinsel in die Tinte und

Schreibe Dir

Einen Brief voller Seligkeiten

Denn dann ist alles erreicht

Bis dahin strömt das Blut rot durch meine Adern.

Meine Finger verkrampft.

Gleichmut

Jeden Tag möchtest Du Jakobs Himmelleiter empor-
steigen. In den güldenen Himmel hinein

Den Himmel auf Erden erfahren- das möchtest Du

Das ist der Grund, wieso du nie geklagt hast. Das

ist der Grund, wieso du versuchst, ihm und sei-

nesgleichen aus dem Weg zu gehen. Gleichmut so

dachtest Du, könnte es doch für dich geben Doch

da blitzt er wieder der silberne Faden des Trotzes

Nichts wollen steht nicht auf deinem Programm. Die

langgezogenen Farben des Lebens verschmähst du.

Der Palast der vier Winde.

Im Inneren des Palastes sind alle Höfe leergefegt.

Der Wind wirbelt keine Blätter mehr auf.

Im Palast der vier Stege über den Lotusteich wird der
Kaiser der 10.000 Jahre erwartet.

Der Meister fertigt die smaragd- und juwelenbesetzte
Uhr der 10.000 Tage.

Ein perpetuum mobile -ein Geheimnis verbracht in
den Pavillon der fließenden Zeit.

Doch der Kaiser will den Kreis noch nicht schließen

Er zögert den letzten Schlüssel einzusetzen, der die
Uhr in Gang bringt.

Er zögert für Dich!

Denn die Uhr schlägt, so lange dein Herz schlägt.

Der Schrecken des Eises und der Finsternis

Der Schrecken des Beginnens

Du beginnst etwas –wie willst du es wieder

loswerden?

Träumend begegnet dir hoch droben im Steinernen
Meer ein Schneehase im braunen Sommerfell

Er huscht vorbei, zwischen den Steinen - fort.

Er lässt das Geröll murmeln wie die Steine im Fluss.

Fort, fort, vorbei.

Du selbst bist das Glück, die Freude und der Tod.

Du selbst bist die Kaiserin der 10.000 Jahre und hältst die juwelengeschmückte Uhr in den Händen,

das Quecksilber im perpetuum mobile steigt auf und ab

du selbst setzt den Schlüssel an

ewiggleich wird die Zeit nun fließen.

Du bleibst zurück

Ewigtraurig.

Christoph Ransmayr gewidmet

Nimm mich mit Zeit

Lehre mich zu leben

Lehre mich zu bleiben

Lehre mich zu lieben

Nimm mich mit Zeit

Auf deinen Wellen strecke ich mich aus

Entspanne ich alle Glieder

Werde wolkengleich.

Zeige deine Wunde

Mein blutendes Herz zeigt sich durch meine Wunde

Zeige deine Wunde

Eine Wunde hat der Körper immer

Mein blutendes Herz

Nun getrocknetes Blut

Weich und sanft schlägt es für dich

Es hört zum ersten Mal

Deine Klänge

Das Schlagen deines Herzens

Den Gleichklang

Die Liebe dringt durch.

Wie immer

In mein wehendes Herz bist du eingezogen.

Die Türen waren immer offen

Aber eine straff gespannte Membran hielt alle
drau-ßen.

Mein Herz blutete, da keiner kam.

Wie sollte er auch?

Ihn zu verlieren hatte ich Angst.

Verlassen zu werden hatte ich Angst.

Hinter der Membran sitzt mein schlagendes Herz

Ich wollte nicht, dass du es siehst

Und es tötest.

Ich werde nicht ruhig und sicher in deinen Armen
sterben können.

Strenge Lebensmuster, raue Liebe.

Und doch bist Du in mein wehendes Herz

eingezogen.

Das moderne Leben

Auf den Kreuzungen tummeln sich die Verdammten.

Ihre Köpfe umkränzt von blutdurchtränkten Verbän-
den

Obwohl keiner einen Arm oder ein Bein verloren hat,

humpeln sie und lassen ihre Arme unnatürlich herun-
terhängen

so stehen sie nur da Jung und Alt auf der Kreuzung
und

glotzen

wie Versprengte glotzen sie

nach rechts und nach links

ich nähere mich mit meinem Gefährt und überfahre
sie.

Sie glotzen weiter – beim Näherkommen sah ich,
dass sie durchsichtig sind.

Wie Glasflaschen stehen sie dort

Bin ich gefühllos, sind wir alle gefühllos, etwa so wei-
terzufahren, einfach so weiterzumachen

Einfach so mit der Zivilisation fortfahren

Rechts links sie glotzen

Die Augen wandern

Doch keiner sieht etwas

Und alle sind unversehrt.

Gewissheiten

Wer sind wir nur, die wir uns jeden Tag die Hand
geben, uns anlächeln, freudig?
wir lachen, kein Auge bleibt trocken bei den Witzen,
die wir reißen, die wir uns in manchen Nächten,
wenn das Weltall an uns zerrt, zurufen und dann
beißen wir uns die Nägel blutig.

Wer sind wir nur? So wie wir unseren Weg gehen,
ungetröstet und unerbittlich, alles mit kalter An-
schauung betrachtend.

Wer sind wir nur, die wir vorwärts stürmen, die Fahne
wickelt sich um unsere Körper, kaum dass wir uns
noch bewegen können?

Wer sind wir nur mit diesen Parolen in unseren roten
Mündern, die so hohl klingen, dass wir selbst sie
kaum ertragen?

Wer sind wir nur, diese Gebeutelten, diese Verzag-
ten, die blau durchwirkt in den Gaststätten herumsit-
zen, die menschlichen Ausdünstungen überall?

Wer sind wir nur, die wir unsere Arme hilfesuchend
ausstrecken und dabei ein Eis nach dem anderen
schlecken?

Wer sind wir nur, die am Ufer des Sees stehen, sich
an den Händen halten und über das Goldene Zeital-
ter träumen?

Nie dagewesen? Vergangen? Weiß Du mehr?

Voller Trauer liebe ich Dich und halte dich fest

Mein Engelein

Die Sonne versinkt, ihre flachen Strahlen färben dei-
nen brauen Haarschopf rotgolden

Ein Strahlenkranz aufleuchtend

Hier ist das goldene Zeitalter! So viel zum goldenen
Zeitalter !

Ausgelöscht werden, einmal, zweimal und immer
wiedergeboren werden- wer hält das aus?

Wer wünscht sich das in den langen nie enden wol-
lenden Nächten, wenn der Wind uns aus dem
Schlaf treibt und das Weltall zu nah an unsere Seele
rückt?

Wer sind wir nur, die wir uns immer so freundlich zu-
lächeln, an den Händen halten wie Kinder

Glücklich sind

Und uns vor Glück auf die Bäuche schlagen?

Der blaue Planet

Frei sein inmitten von tobendem Grün

Eine Frau sein: heiter und gelassen sein

Immer ein fröhliches Lied auf den Lippen

Blaustrümpfig und bitter – nur manchmal – wie die
Mandeln, die sie dir als Gewürz in den Kuchen
streut.

Nur bis zu einer gewissen Grenze.

Die Grenze heißt Tod.

Der Flieder weiß und lila duftend- wir haben schließ-
lich Mai. – auch im Regen

Die Kastanien recken ihre Ständerblüten empor -
weiß und rot.

Schneeweißchen und Rosenrot.

Ich lasse den Dingen Ihren Lauf und beuge den Kopf
ganz tief.

Unter all dem Grün suche ich mir ein Ruhebett und
breite mich aus, immer weiter immer weiter strecke
ich die Arme aus

Als könnte ich überall sein in diesem unendlichen
Meer aus Grün

Doch vielleicht bin ich ein Blatt

Zu Boden taumelnd

Trunken von all dem hellen Grün

Es ist Mai und alles fängt von vorne an!

Ich lasse den Dingen ihren Lauf und beuge den Kopf ganz tief.

Ergeben und sanftmütig halte ich die Kette, die glänzende mit Daumen und Zeigefingern haltend hoch

Erstaunt über das Wunder der Lichtstrahlen auf meiner goldenen Pelzjacke

Leuchtende Farben

So wie auch Du leuchtest, denn niemals warst Du selbst gemeint,

immer nur das ‚was an dir leuchtet.

Und der Mond scheint trotzdem.

Er scheint auf eine Erde herab, die anfängt zu flattern, des gleichmäßigen Drehens überdrüssig,

blau und rund schwebend im Weltall

überall zuckt und blutet es- die Schnitte gehen durch ganze Welten

Auch uns bluten die Herzen, wenn wir sanft die Hände auf die Stirne unsrer Kinder legen.

Mit gebeugtem Kopf

Penthesilea I

Achill der Held hat sie niedergestreckt – Penthesilea
unser aller Vorbild und Schutz

Das war der Anfang des Tötens am Anfang aller Zeit.

Am Anfang unserer Zeit.

Vor den Toren Trojas liegt unser aller Blut

Ein Meer von Blut

Damals sind wir Frauen alle vernichtet worden.

Der entscheidende Schlag, als Achill sein Schwert
hochhob und dir die tödliche Wunde beibrachte

die Rachegöttinnen blendeten dich

im entscheidenden Moment schoben Sie die Wolken
beiseite.

Ein Sonnenstrahl traf dich – Du verfehltest ihn.

Du liebtest ihn und wolltest schwesterngleich Schul-
ter an Schulter mit ihm kämpfen.

Du wolltest emporgehoben sein, stark dein Arm ,
umkränzt dein Haupt , Schlangen winden sich da-
rum, Du liebtest voller Frausein, voller Hingabe ,aber
fordernd, Gleichheit und Maßlosigkeit zugleich for-
dernd und doch verletzbarer als er.

Achill eingetaucht von seiner Mutter Thetis in den
Styx – in das Elixier des Lebens und des Todes

Unverwundbar - nur an der Ferse war ein Blatt haften geblieben, das herabfiel aus den Wolken der Sterb-lichkeit.

Wo war dein Schwur Diana gegenüber geblieben, ihn zu töten?

Dein unvorsichtiger Schwur auch Priamos gegenüber

War das bevor dir die Liebe ins Herz gebrannt wurde?

Deine Verwundbarkeit – so nahm das Furchtbare seinen Lauf.

Von den Skyth`schen Wäldern aufgebrochen, hattest du deine Oberpriesterinnen Dianas um dich versammelt Meroe, Prothoe und Asteria.

Ihr ließet die Schlachtrufe los, die weit über die Ebene von Troia erschallten.

Der Segen eurer Schutzgöttin hielt nicht, denn Liebe war nicht vorgesehen.

So zogest du in dein Verhängnis.

Dein Leib offen, dein Herz offen, so wurdest Du dahingemetzelt.

Alle deine 12 Begleiterinnen dahingemetzelt.

Und wir mit dir. Dahingemetzelt.

Achills Liebe erwachte erst, als er dir den Helm abnahm, dich so tot da liegen sah.

Frühling

Jetzt tragen uns die Nächte wieder empor.

Die Vogelstimmen sind wie Teppiche, dicht gewebt
aus rätselhaften Tönen,

eine Saite im Inneren erklingt tief in uns,

jubilierend.

Geborgenheit ist plötzlich da

In der Dämmerung

in der Zeit zwischen Wachen und Träumen, wenn die
Tore der ewigen göttergleichen Seligkeit weit aufge-
stoßen werden und wir niedersinken

Und immer weiter sinken

Hinein in eine seligmachende Auslöschung .

Kein Du mehr, kein Ich mehr

Nur noch Lauschen und Musik und Freude.

Penthesilea II

Blendende Helle, die Schlacht auf der Ebene vor
Troia tobt, Blut fließt auf den trockenen Staub hinab
Und wirbelt in Klumpen auf.

gebunden durch deinen Schwur an König Priamos,
Achill zu töten, zerstörtest du dich und uns.

Der giftige Pfeil von Amor hatte dich getroffen, als du
deinen Schwur bereits getan.

Du wanktest, als dich sein Hieb traf,

Wusstest Du denn nicht, dass die Lanze, die er trug,
unbezwinglich war?

Vom Kentaur Chiron geschmiedet, fand sie ein leich-
tes Opfer in dir.

Bleich stürztest du vom Pferd, den Helm dir abneh-
mend, erwachte seine Liebe zu dir.

Ein tiefer Seufzer entrang sich seiner Brust.

Deine bleichen Wangen, er berührte sie, Reue über-
kam ihn, denn du hättest seine Königin sein sollen.

Da lagst du im Staub, wie schon lange beschlossen,
Aphrodite täuschte dich, sie lenkte den Sonnenstrahl
auf seinen Helm.

Er blendete dich für einen Moment und dann fielst du
und auch

Alle deine 12 Begleiterinnen ,deine Lieblinge Bremisia, Derimachaia, Klonia ,Akibia tot .

Lanzen steckten in ihren Brüsten.

Alle Leiber zerstört.

Tränenüberströmt hob der Argiver dich auf.

Er wusste, dass dein Zögern nicht nur durch die Blendung geschah.

So zog er statt dir in die Heimat der Skythischen Wälder zurück.

Unvereint bis heute.

Arbeitswoche

An einem blauen Band flattern wir

Hoch hinauf in die Lüfte

Der Zeisig hält verwundert im Flug still.

Wir strampeln mit den Beinen,

es ist für uns Menschen alles zu hoch.

Unser Menschsein reicht nicht so weit hinaus

Der Mut sinkt zu Boden

Hoch droben an einem blauen Band flattern wir.

Wir würden am liebsten loslassen und können
es doch nicht.

Lebensbetrug

Nichts behalten, alles aufgeben,

alles hergeben

nicht verzweifeln

nur Jammern, tiefes Jammern den ganzen Tag

herausgeholt aus dem Schlund- die Worte stecken
darin fest

mit dem Heurigen hinunterspülen!

Mit dem Heurigen geht alles besser!

Flüchtiges Dasein

Flüchtige Wonne

Wo bist du und wer ist Du?

Wo versteckst Du dich?

Wo versteckt sich wer?

Diogenes in der Tonne

„Geh mir aus der Sonne!"

Liebend gerne, denn ich liebe es, wenn alle Schatten
auf mich fallen

Ich bin ein Schattenkind.

Treue

Die Blumen, die leuchtenden am Wegesrand,– wir
haben sie alle aufgehoben und nun strahlen sie für
uns in der kobaltblauen Vase aus Murano weiter.

Zart schimmerndes Gelb und Rosé und

kornblumenblau,

auch die Gräser neigen sich uns zu mit langen

Fühlern.

Überlebende aus einer anderen Welt.

Wie Käfer und Bienen

Wie kann das sein? Überlebende auch sie ?

Wo alle Farben doch so verführerisch duften,

wo wir doch jeden Frühling so dringend den Vogel-
gesang brauchen.

Weil wir sonst sterben.

Wie kann das sein, dass uns die Sprache der Tiere
und der Duft der Blumen so zufällig geworden sind?

Das Pfeifen , das Schnauben, das Quietschen ,das
Dröhnen. Das Zwitschern. Das Summen.

Wir haben doch immer noch die unveränderten
Sümpfe mit ihren

Pastellfarben und Zwischentönen.

Wir sind allen treu geblieben.

Du und ich

Das reichte wohl nicht aus.

Wir ereiferten uns nicht unermüdlich genug.

So geht die Spaltung durch uns alle hindurch.

Jetzt wird jung gegen alt gestritten.

„Ihr habt uns unsere Zukunft genommen", sagen die Jungen.

Nutzloses Geschlecht !

Doch Du ahnst, dass Rusalka, die Irrlichternde, dort auf Dich wartet, um dich hinabzuziehen

In den Sumpf, den Morast, das Bodenlose

Du wehrst dich, Du sträubst Dich, Du verweigerst ihr deine Hand.

Die Sonne scheint jetzt auf deinen Weg.

Von dir keine Spur mehr.

Wie es einmal war

Blütenblätter fallen auf dein kaltes Herz

Keine Bewegung

Keine Ruhe

Kein Zaudern

Die Bambusschale mit den Franjipaniblüten steht zu deinen Füßen

Du schöpfst daraus

Engelsgleich

Und lässt die Tropfen fallen

Sie fallen auf jede Stufe, die du emporsteigst

Einsam

Rot wie Blut

Traurig

Der steinige Weg

Wir gingen zusammen

Ein Stück des Lebens

Den steinigen Weg hinunter

Du bist ihn immer weiter gegangen

Je steiniger er wurde, desto mehr hast du die Fäuste
geballt

Auch wenn du manchmal über Felsen klettern

musstest

Und manche Weggenossen dich verwundert ange-
sehen hatten, wieso du immer abwärts gegangen
bist

Wie blind

Der blaue Himmel über dir , die Sonne

Du hast sie nicht gesehen

Wieso ? Wer schlägt uns mit dieser Blindheit? Wen
jammert unser Schicksal nicht?

Wer lässt uns so ins Leere laufen?

Und hat die Macht uns zu vernichten und schickt uns
abwärts und nie hinauf?

Elegie

Hinuntersteigen

Aus dem Sommer weg

Weg von den Menschen

In die Tiefen von allem

Blaugraues Gestein von Moos überzogen

Manchmal rötlich

Träumen gleichend

Nebulös wie Schwaden des Glücks, die über alles
hinwegziehen

Traumlos ewig

Keine Widerstände mehr

Hindurchgehen durch alles

Wie ein Engel, der sich niederlässt auf deinem
Schoß

Und du kannst es nicht fassen, dass du auserwählt
bist

Das Gewicht des Engels drückt schwer auf deinen
Schoß,

dem alles entsprungen ist

wie die Büchse der Pandora hat er Verderben

ausgestreut

vor langer Zeit

jetzt ertönen keine Schreie mehr von ihnen, nur in
einsamen Stunden wird deiner voll Schrecken ge-
dacht.

Jetzt sitzen die Engel auf deinem Schoß und träu-
men selbst von DIR

Du kämmst ihnen die Locken

Unten beim grünen Moos mit geschwollenen Adern,
durch die dein fließendes Blut scheint.

Kopftücher

Der Vulkan Ayatollah ist ausgebrochen.

Wir alle wissen, dass er anders heißt, er hat diesen unaussprechlichen Namen, der das ganze Gedicht ausfüllen würde.

Dann könnte sich keiner mehr hinüberretten ins Neue Lebensjahr oder ins Neue Jahrhundert.

Denn dieser würde eine riesige schwarze Wolke hervorbringen, die die Sonne verdunkelt

Jedes Leben wäre dann mit einer Ascheschicht überzogen

Erstarrt für immer.

Doch wir haben Glück, denn hier ist nur dieser kleine Vulkan ausgebrochen, der uns zwingt, schwarze Kopftücher zu tragen, wie die Witwen aus früherer Zeit

Unpersonen, eingesperrt in ihrer Trauer und ihrer Verwaschenheit

Kein Ich mehr , keine roten Kleider

Trotz alledem blicken wir mit erhobenem Haupt umher, blank allen Wissens,

torpediert vom Leben

die Hälfte der Menschheit

mundlos, klaglos, traurig

wir haben nur ein Gegenüber: alle diese Männer, die
uns nach dem Leben trachten

Böse, hinterhältig, das Messer immer gezückt

Wir haben alle unseren Tod bereits hinter uns

Unsere Wunden sind mehr als eine jeden Tag.

Unsere Körper übersät.

Isonzo II

Der strömende Isonzo

Türkisblau

Von der Brücke fallen Menschen herab

Unverletzt tauchen sie in seine Fluten

Sie haben einen Strick um den Knöchel

Blutend ist nur mein Herz

Wenn ich daran denke, wie du mich verraten hast

Alle blauen Adern scheinen durch seitdem

Überall auf meinem Körper

Ist das Leben wirklich so bedeutungslos?

So grausam ?

Der strömende Isonzo glättete sein Herz

Glättete er auch meines?

Wir gingen am Isonzo entlang

Meine Füße kickten nach den Kieseln.

Orpheus

Orpheus glaubte, zu wissen

Den menschlichen Hochmut trug er in seinem Her-
zen

Sein Herz so sehnsuchtsvoll wie meines

Folgt sie mir?

Was konnte er schon wissen?

Ein Sterblicher voller Angst.

Verzeihen wir ihm oder hat er sich vielmehr selbst
verziehen?

Er drehte sich um, weil er nicht glaubte.

Weil ein Mensch nichts wissen kann und vielleicht
auch nichts glauben?

Vernahm er die versichernden begütigenden Worte
von Persephone nicht mehr?

War er aus einem Traum erwacht, als er sich um-
drehte?

Hat der Todesfluß Styx ihn vernichtet?

War er zu weit gegangen?

Maßlos vielleicht?

Wäre er auf jeden Fall bestraft worden, da er es ge-
wagt hatte, dort bei den Toten einzudringen?

Wiegt die Liebe alles auf?

War sein Umdrehen unumgänglich? War es bereits
sichtbar, als er hinunterstieg?

War der Zweifel bereits da, als er hinunterstieg?

ER scheiterte!

Notgedrungen?
Wer bestimmte über ihn?

Du würfelst erneut – es ist immer eine Sechs.

Sein Rätsel bleibt durch alle Jahrhunderte.

In allen Welten muss sie umkehren.

Auch in Deiner .

Der Eifelturm

Die Fahrstühle in Paris sind eisenbewehrt.

Bevor Du einsteigen kannst, musst Du das Gitter beiseiteschieben

Und es danach wieder schließen.

Sonst setzt er sich nicht in Bewegung.

So ist auch zwischen uns alles beschlossen.

Das Jäten, das Ausbringen der Saat im Frühling, das Wachsen des Gedächtnisses

Unserer Beziehung.

Alles Störende müssen wir immer beiseiteschieben, um frei zu werden für uns.

Alle Fruchtbarkeit fließt aus unseren Händen.

Gleichsam wie Blut.

Doch die Vögel!

Vergiss nicht – jeder Vogel hat seinen eigenen Gesang.

Jedes Frühjahr kommen sie wieder, aber sie zögern bereits, weiter in unserer Menschenwelt zu bleiben- sie werden immer spärlicher.

Wenn sie nicht wiederkommen und in der Morgendämmerung vor deinem Fenster singen, dich jedes Jahr von allen Übergängen und Umgängen herausschälen, wer bliebe dann noch bestehen?

Fallen sie, fallen wir auch.

Jedes Jahr bringen Sie unsere Seelen aus der Afrikanischen Savanne wieder zu uns, die Tropfen der Regenwälder hängen noch an ihnen.

Den Winter verbringen wir knarrend auf unseren Stühlen sitzend, wir harren aus, wenn sie nicht wiederkommen, sind wir verloren, denn wir können unser eigener Gesang nicht sein.

Sie singen uns unseren eigenen Weg.

Dann verliert sich mit ihrer Musik auch unsere Wahrheit.

Wir werden nichts mehr aussäen, nichts mehr ernten und verstummen

Und die Gitter der Fahrstühle werden über unseren entseelten Leibern bersten.

Wehe uns allen.

Penthesilea III

Aus dem Land Thymiskyra kam sie gegürtet mit dem
Schwert, die Locken glänzend weich auf ihre Schul-
tern fallend, frei hob sie den Speer über ihre Schul-
tern, mächtig war sie die Königin.

Vor den Toren Trojas hat alles begonnen.

Achill, den seine Mutter Thetis als Kind in den Styx
getaucht hatte, um ihn unverwundbar zu machen.

Der Styx, das Wasser des Grauens, hatte Achill um-
flossen.

Hat er damit den Todeshauch in die Welt gebracht?

Hat so unsere Vernichtung begonnen?

Ist die Welt seitdem vom Todeshauch umweht?

Stehen seitdem das sanfte Weibliche, das starke
Weibliche auf der Todesliste der bedrohten Arten?

Kann sich das Verhältnis der Geschlechter anders
noch auf diesem Planeten durchsetzen?

Gibt es Erneuerung?

Wie lange sind die Mörder schon hinter

uns her?

Wabisabi

Heute gehen die Toten ihre eigenen Wege.

Sonst gehen Sie immer ein und aus durch dein Herz hindurch.

Auch der Wind kümmerte sich nicht darum, dass du einen festen Leib hast.

Er wehte einfach durch ihn hindurch

Und Du hattest den Mut, es geschehen zu lassen.

So gingen alle ein und aus in dir, deine Mutter, dein Vater.

Das Toriji warst jetzt Du, die Verbindung von Drinnen und Draußen, auch in die jenseitige Welt.

Rot mit Doppelbalken – Du .

Denn es weht der Wind nicht nur von Osten

Auch der Nordwind nahm dich mit in den Süden zu den Lebensbäumen, die die Toten bewachen.

Er nahm dich mit zu den Friedfertigen, die ihre Schürzen in die Küchen hängen und die Töpfe spülen, denn gegessen wird immer!

Und dort bei den Ungetrösteten, die über all die Toten klagen, die beileibe nicht mehr auferstehen werden, dort schlugst du deine Wohnstatt auf.

Wie soll es jetzt noch ein Erwachen geben?

Wie sollen die Toten alle noch gehört werden, die vor
uns die dunklen Meere bevölkerten und unsere Häu-
ser?

Einige Schriften werden bleiben, einige Gedanken
vielleicht, wenn wir verschwunden sind von dieser
Erde aber ansonsten bleibt nur eine papierdünne
Schicht von unserer Zivilisation in den Sedimenten
zurück.

Wie leicht kann der Wind diese zerbröseln.

Aber denke nach - ist es nicht vielmehr der Wind,
der durch uns hindurchweht, der All- Wind, der alle
Körnchen durcheinander wirbelt und alles immer
wieder von vorne anfangen lässt?

Er allein nötigt uns doch die Tränen des Glücks ab.

Seligkeit des Lebens und Schmerz des Lebens lie-
gen ganz dicht beieinander.

Göttergleich wandeln wir oft- fassungslos über die
Bodenlosigkeit unseres Glücks.

Du und ich – Hand in Hand durch das Toriji hindurch.

Herbst

Wieder ein Herbst der fallenden Blätter

Wieder kein Ausblick auf irgendetwas

Das Grauen der Mütter und Väter steckt in uns fest.

Ungeborgen mussten wir bis heute durch die Welt
schreiten.

Im Ungewissen verloren.

Doch neu ist, dass der Baum einTeil von uns gewor-
den ist.

Neu ist, dass die fallenden Blätter uns nicht länger
daran erinnern, dass auch wir Fallende sind.

Vorbei, dass wir glaubten, uns verbergen zu müssen

Wir standen hinter den Bäumen und wagten es
kaum, hervorzulugen.

Gefahrlos tritt jetzt jede hervor, die Bäume werfen ih-
re Blätter ab, wir werden gesehen,

wie Engel schwebten wir haltlos -die Erde nicht unser

die Tarnkappen sind gefallen, wir haben uns ent-
kreuzt.

vielleicht waren wir es, die die Kreuze oben auf den
Bergen gefällt hatten,

denn alles ist hervorgetreten wie reines Quellwasser

wir sind reingewaschen endlich im Herbst unserer
Tage

so treten wir hervor

Schuldlos Schuldige sind wir

Traumlos Träumende

Wir sind da!

Wir sind da, um uns zu verbeugen, um uns befehlen
zu lassen, töte deinen Sohn Isaac,

Abraham

damit uns dann das Messer aus der Hand

genommen wird,

jeglicher Befehl zur Zerstörung wurde

zurückgenommen.

Denn das Leid, das wir erfahren haben, gehörte uns
nicht.

Jetzt sehen wir die Kahlen Äste und erschrecken
nicht.

Das ist neu!

Isonzo III

Der Isonzo schäumt über mich hinweg.

Das schaumige Blut aus meinem Mund – es fließt in den Grund.

Meine geborstenen Glieder glättet er.

-Auch mich glättete er wie einen seiner Steine-

Am Boden dahin rollend, ein Einzelner unhörbar

Alle zusammen ein Glockenton

Wie unser aller Leben so ist auch mein Leben- ein Glockenton

Auch bei mir die Bestürzung darüber, nichts zu wissen, als dass wir sind.

NICHTWISSEN

Das meergrüne Wasser des Isonzo -dorthin tauchen wir immer ein.

Er ist unsere Rettung, alles Blut unserer Hände

abzuwaschen.

Die Italiener, die Slowenen, die Habsburger-

wir erreichen sie nicht mehr

All das Blut bliebe sonst an unseren Fingern kleben.

REINHEIT

Einigung

Du und ich -wir sind beide allein mit unseren Träumen.

Wir haben uns darauf geeinigt, was ein Stuhl ist.

Wir beide kennen uns mit roten Polstersesseln aus.

Doch keiner von uns setzt sich irgendwo darauf.

Wir beide fahren mit derselben U-Bahnlinie vom Kottbusser Tor nach Spichernstraße.

Die Vögel, die singen, die hören wir beide-

Aber nur du kannst sie benennen und nur für mich öffnen sie die dicken Schlösser zu den traumlosen Ebenen,

den Ebenen, die unter den Straßen liegen .

Unter dem Pflaster liegt der Strand. Sagt man.

Auch für Dich, obwohl Du alle Vögel beim Namen kennst.

Alles Wichtige liegt unter dem Harten. Sagt man.

Alles Ungesagte und Gesagte –all diese E- Mails, in denen wir uns nur angelogen haben.

Das Unvermögen und die Gunst der Stunde

Die Verständigung und das Nichtverstehen.

Alles darunter

Nichts darüber!

Sagt man.

Doch morgens noch vor dem Aufstehen kommen die
Erinnerungen und alle liegen in der Wolke

Darüber

All die Erinnerungen, die du nicht haben willst.

Es ist nicht fair.

Aber notwendig- auch ein Akt der Einigung ?

Tieferer Sinn /Neujahr

Gegenüber Liegendes bleibt für immer getrennt

Gegensätze

Die Tiere so traumlos im Traum

Die Tiere so sanft

Der Blick des Rinds vor dem gewaltsamen Tod

Sanftmütig

So gehen auch wir in das Neue Jahr

Willenlos

Zeugnislos

Immer nur schauend

Göttergleich mit unserem Vertrauen und unserer

Seligkeit

Der Bolzenschuss- er wird auch für uns kommen?

Meine Freuden

Ich liebe es, die Glocken schlagen zu hören.

Ich liebe es, traurig zu sein.

Wie ein Apfelbaum, der seine kahlen Äste im Winter
in die Luft streckt.

Lang und dünn wie Hilferufe.

Ich liebe es, ganz zu sein und rund wie eine Kugel.

Ich liebe es, mich selbst zu lieben und dich auch.

Doch irgendwer zielte auf mich und hätte mich bei-
nahe verschlungen.

Irgendwer legte die Latte ganz schön hoch für mich.

Irgendwer mochte nicht, dass ich glücklich bin.

Irgendwer will immer noch einen Blumentopf nach
mir werden,

aber niemand erreicht mich mehr,

denn ich segle dahin auf einer Barke jenseits der be-
kannten Meere

Du dagegen segeltest im Tyrrhenischen Meer

Vor dem Wandel, der noch installiert werden musste.

Der schmale Kreis der Kräfte wurde durchbrochen.

Irgendwann fallen alle Hüllen

Irgendwann fallen alle Verkleidungen

Irgendwann erkennst du die Liebe in der Täuschung

Irgendwann läuft alles ins Leere

Wie der Baum, der die Äste in den Himmel reckt

Irgendwann erkennst du dein Maß und

Deine Maßlosigkeit und das Ende und die Schwüre
und die Hoffnungen

Alle zerstieben

ABER alles Immer noch offen

Dein weißes Gewand flattert im Wind

Das Schwert hast Du noch umgürtet.

Du sehnst dich nach dem süßen Kuss von Achill, den
du getötet hast.

Du sehnst dich nach dem Tag, an dem die Winde
aufhören zu wehen.

Du sehntest dich nach dem Tod.

Auch die bösen Blicke zerstieben.

Hoffnung

Jenseits der Meere erstand alles wieder neu!
Ein großer Bogen schälte sich aus allem heraus.
Ein großer Wurf zerstiebt den Flaum.
Die Würfel – ohne Hemmungen fielen sie:
Dein Schicksal, mein Schicksal: in wessen Hand ?
Blauschimmernde Fluchten
Blauschimmernde Nächte
Keine Zufluchten mehr – außer in Dir.
Das kahle Weiß der Wände
In dir
Das kahle Weiß der Krankenzimmer
In Dir
Der zahnlose Mund des Todes
In Dir
Doch auch alle Hoffnung in Dir
Das Sehnen
Der Schmerz
Die Gottlosigkeit
Und die Liebe
Vor allem diese

Weit die Flügel ausgespannt

Über die ganze Erde hinweg

Sommer

Die Gitter des Verlangens sind engmaschig,

aber der Sommer fällt hindurch.

Die Gitter deines Herzens sind weit, aber das Blut
findet keinen Weg.

Es pulst, es tropft

Nur bei mir in meinen Adern schwillt es an.

Die Gitter des Sommers sind weit und alle Tropfen
des Sees, in dem Du den ganzen Sommer über ge-
schwommen bist, fallen hindurch.

Du und ich- jetzt haben wir bereits die Blätter des
Herbstes auf unseren Zungen

Wo ist alles hin?

Die blauschimmernde Ferne, die weißen Segel, dein
nasser Badeanzug, dein glückliches Lächeln

Die Fische im See- verstehen die mehr?

Archimedes im Winter

Wie Archimedes brauche ich einen Angelpunkt

Wie Archimedes möchte ich einen Hebel ansetzen
und stolpere doch über Fußangeln, die tief unterm
frisch gefallenen Schnee liegen.

Sanft und anschmiegsam erwarte ich mir nichts mehr
von meinen Sehnsüchten

Wie Archimedes ziehe ich mich am Balken hoch und
nutze die Mechanik, um zu schweben über der Men-
schen Betriebsamkeiten

Strebsam und arbeitsam erledigen sie alle Dinge

Kaufen alles

So viel Unnötiges

So viel Marodes

So viel Unbekanntes

Wie Archimedes interessiert mich Praktisches nicht
mehr.

Ich sitze dort oben und lasse mich dann wie eine
Spinne am seidenen Faden hinab.

Mitten in Dein Herz.

Träume

Warmer Wolkenregen

Innen und außen

Vermehrte Stille

Du gehst vorüber wie wir alle

Hinübergleitende sind wir zwischen Wachen und Träumen

Immer so fort

Wo sind unsere Grenzen?

Wo beginne ich und wo hörst Du auf?

Des Tages Mühe zeigt anderes:

Es tritt einer gegen den anderen an

Dieses Gesetz gilt bei uns nicht

Ich nehme dich huckepack und so flirren wir davon

Hinein ins Gleißende, hinein in die immerwährende Sonne, wo es keine Schatten mehr gibt.

Der anderen Ahnung zielt ins Leere

Der Pfeil wird abgeschossen, aber er trifft nicht mehr.

Kein Schwarzes mehr

Nur wogendes Meer

In seiner immerwährenden Sanftheit.

Für Ada

Castel del Monte

Wie Dünen aus Sand erhebt sich die Landschaft

Du glaubst dich am Meer, doch das Meer ist fern.

Leises Rauschen in deinem Ohr-

Ist es nur dein Blut, das ich höre oder sind es ferne
Klänge, die dich umwehen?

So vertraut und doch von so weit her.

Einst hattest du die Sprache verloren

Als du als der Waisen Amme nicht sprechen durftest.

Des Kaisers Verbot: kein Lachen wehte durch die
Burg

Stille, Bodenlosigkeit, Traurigkeit und Fremdheit
umgab alle deiner Schützlinge

Einer nach dem anderen starb

Du fingst an, klagend die Hände zu ringen, doch des
Kaisers lederner Handschuh drückte dir die Kehle zu.

Danach verschwand er tänzelnd, den Falken- des
Tötens begierig -fest auf seiner Faust.

All diese Experimente, schon so früh begonnen, um
etwas zu erforschen, was jenseits liegt, jenseits der
Linie, die das Meer vom Horizont trennt.

Verbotenes Grenzland.

Er sah drei Sonnen und hielt es für wahr.

Er sah Luftspiegelungen und wurde unmenschlich.

ER wurde stupor mundi genannt –das Staunen der
Welt, doch

Seine zwei Gehirnhälften brachten kein göttliches
Zusammenspiel hervor.

Die Auferstehung Christi fand dort nicht statt.

Die Mauern leuchten fest geschlossen und doch ist
es ein zerplatztes Oktogon.

Hat jemand jemals Einlass gefordert?

Der rote Wein Apuliens nur eine Nebensonne.

Der rote Wein Apuliens eine Betäubung.

Das Tor bleibt verriegelt, keine Bresche, keine Ni-
sche.

Was ist der Mensch anders als eine Erinnerung?

Die Tiere haben ihren Tod bereits hinter sich.

Sie sind unser Vorbild.

Vorübergehende sind wir.

transeuntibus

Bett Tisch

Schrank - Gegenstände in unserem Alltag

Stühle, auf denen wir uns niederlassen

Ich erinnere mich an Dich. Gestern noch lagst du in
meinen Armen.

Gestern noch habe ich dir den Schweiß von der Stirn
gewischt.

Gestern noch schöpftest Du das Bergwasser aus
dem Brunnen und trankst

Begierig

Heute bewundere ich dich dafür

Und die trüben Schalen der Nüsse verfärben sich.

Keine Rosen mehr keine Dornen mehr

Morgen wirst du im Bett einer anderen liegen.

Morgen wirst Du mit freiem Oberköper Bett Tisch
Schrank und Stühle zerhacken.

Doch heute liebst du mich noch.

Sulfur, Merkurius und Sal

Obwohl Du nicht mit mir gesprochen hast, weiß ich,
was mit Dir los ist:

Du wohnst an einem kalten finsteren Ort- zur Hölle
damit und ich weiß, was in Deinem Herzen vorgeht,
welche Stürme es durchwehen, wie es ächzt und
seufzt.

Woher kann ich das nur wissen, da wir nie miteinan-
der telefonieren.

Du bist nur eine Erinnerung für mich- irgendwann
habe ich dich gekannt – doch von irgendwoher aus
dem All wehst du zu mir jetzt

Ich kann dich greifen, wie man nach den Sternen
greift

Ein Gefunkel droben am Firmament- voller Hoffnung
und Trauer

Das menschliche Herz ist wie das Licht

Es durchdringt alles

Jede Unförmigkeit

Jedes Eismeer

Duckt sich unter seine Schwingen

Es kommt als Welle oder in Teilchenform

Es platzt herein in dein Zimmer

Die Seele

Von weither kommend

Alles geöffnet

Die Fenster weit hinein in den Ruf der Möwen

Haben sie dich zu mir gebracht?

Haben Sie dich aufgepickt Körnchen für Körnchen
und dann stückchenweise in mein Zimmer geworfen?

Jetzt stehst Du da, als ob ich dich niemals verlassen
hätte

Ich bräuchte nur die Hand auszustrecken, um dich zu
berühren, aber ich tue es nicht.

Keine Krümmung des Fingers- die Krümmung der
Erde ist mir krumm genug.

Meine Heimat – die Donauauen

Der dunkle Horizont schließt sich um mich.

Alles kam aus mir heraus wie ein Blutstrom

Schwarzes Blut wie aus einer Toten

Die Pappeln klirrten mit ihren Blättern

An der schönen blaue Donau

Es gab diese Pappelallee – in meiner Kindheit

Ein Rascheln, eine Dröhnen, ein Geflirre

Die heiße Sommerluft hüllte uns ein

Mit dem Fahrrad fuhren wir immer zum Baggersee

Meine Mutter und ich- damals waren wir beide noch
heil

Doch später ließen wir unsere Herzen zurück- ihres
ich weiß nicht, wo sie es verloren hat

Meines blieb zerdrückt in den Donauauen liegen

Irgendjemand hat es wohl gefunden und mir nach-
geworfen

Durch Äonen hindurch immer wieder ging es unter
wie eine glühende Sonne über einem zerbrochenen
Erdball

Der Ärgernisse viele

Der Täuschungen verlustig

Strömte es auf den Fluten dahin

Mein Vater rettete mich nicht

Und dann sprang es eines Tages forellengleich von Staustufe zu Staustufe immer höher hinauf

Bis es dorthin gelangt ist, wo die Blutpflaume wohnt

Denn so viel größer ist die Welt

Sie schimmert so rätselhaft in uns

Der Kreis schloss sich ab und die springenden Forellen sind in mein Herz gezogen

Jetzt kann ich wieder meinen Kopf auf die Kiesbänke legen und die kühlen Wellen umstreichen mich.

Die Schwärze rinnt aus mir heraus wie Tinte.

In diesem Sommer leben wir nur im Augenblick

Mit Schnüren bist Du gefesselt an deine Erwartungen

Die Erwartung, dass man deinen Körper zerreißen
wird, dass man dich töten wird.

Dass du bei lebendigem Leib zerstückelt wirst.

Dass du getötet wirst

Dabei ist das Schiff hinter dir bereits untergegangen.

Nur der Mast durchbricht noch die Wellen

Ein gurgelndes Geräusch- dann ist auch er ver-
schwunden

Die tobende See hinter dir

Du bist ausgespuckt worden – wie Jonas aus dem
Walfisch

Du bist in Sicherheit

Du gehst weiter- so wie wir alle immer weitergehen

Solange bis der Raum aufhört

Doch alle Schmerzen alle Erinnerungen sind in jeder
Zelle deines Körpers eingebrannt.

Wie ist das nur möglich?

Die Erinnerungen warten unter der Oberfläche

Nur ein kleiner Auslöser- ein Gang zum Arzt- reißt
die dünne Membran fort

Und dein Fleisch liegt bloß und blutet

Immerfort

Wird es denn nie ein Ende haben?

Diese Erstickungsanfälle als Kind, als dein Vater dich aus der Wiege gerissen hat und kopfunter gehalten hat- du warst blau angelaufen.

Wer hat sich das ausgedacht?

Gibt es denn niemanden, der mein Schlafen und Wachen sanft in seinen Händen hält?

Gibt es denn keine Engel, die flammenumgürtet hinter uns einherschreiten und alle Dämonen zu Boden strecken?

Gibt es keine Zuflucht?

Kein Wort, das zu uns kommt.

Von dir auch nicht?

Wie oft sagt man so leicht, lasse los, lasse dich fallen -nur wohin fällt man dann?

Die Bodenlosigkeit ist das Verschlingende, das Gewürm, das jeder gezögert hat, zu zertreten.

Die Tage des Elends sind lang

Und doch

Gehst du dann wieder über den Holzsteg am Fluss und staunst über die Kühle, die emporsteigt.

Die Gänse aus Sibirien, die Winterflüchter,

ziehen ihre Bahn

Geruhsam

Du beneidest sie und wärst gerne ein Tropfen an ih-
rem Gefieder um dich mittragen zu lassen bis zum
nächsten Katarakt.

Tröste dich - der Winter ist bald vorbei und dann
werden wir im Sommer im Augenblick leben

Und alles losgelassen haben

Und todlos sein.

Schnee

I

Überall im Hause war Schnee.

Er drang durch alle Ritzen.

Der Sommer war lang. Die Wärme spürst du noch
auf deiner Haut.

Das träge Dösen in der Sonne- die Kieselsteine heiß
und schweigsam

Ein Leben in der Erinnerung

In der Hoffnung,

die in Fäden am Boden des Sees entlang kriecht

sie hat ein Spinnennetz ausgeworfen und fängt uns ein.

Jeden Tag

So liegen wir dösend am Seeufer und glauben uns sicher

Doch die Fäden der Erinnerung sind wie ein Kokon, der uns einspinnt.

Auch wir sind ein Myzel, unterirdische Gewächse, nur den Kopf heben wir heraus aus all dem Moos.

Aus dieser Perspektive erscheint uns das Kleine gigantisch groß- jeder Grashalm eine Fuhre aus Gold,

jeder verirrte Maulwurf ein Dinosaurier.

Wie groß und fern die anderen auch sind- sie betrachten uns als Trugbild

Dabei sind sie es ebenso

Stachlige Emporkömmlinge wie wir

Jeder schaut- doch keiner durchschaut irgendetwas

Wie Geschöpfe des Hades tauchen wir aus dem Boden auf

Eingefangen ist jeder von uns von den Teetassen und den Borden, auf denen wir stehen

Die Bücher nicht zu vergessen –sie enthalten unsere ganze Weisheit!

Wir halten uns an den Händen und wissen, wenn der Sommer vorüber ist- und bald wird es so sein – dass dann der Schnee kommt und durch alle Poren des Hauses dringen wird.

Dann wir es wieder kalt werden

Wir füttern die Amseln und sie picken uns bereits
vertraulich aus den Händen.

Drinnen glüht der Ofen und wir haben es gemütlich.

II

Endlich.

In Japan

Kein Ort, den Du noch aufsuchen kannst, kein Ort
nirgends

Keiner je

Keiner damals

Und keiner, der mir die Hand reicht

Zum blutleeren Kuss.

Doch was zählt das alles, wenn wir es nur gemütlich
haben

Im Halbschatten

In den Dschunken, mit denen wir übers Meer fahren

Von Java herkommend durchpflügen wir die See -
wie es uns gefällt!

Wir fliegen durch die Japanische See und wollen
hoch hinaus!

Doch wie ein Tanzbär liegen wir an der Kette

Der Wind zerzaust unser Haar

So wie wir da am Steuerrad stehen

Der Wind bläht unsere Kleidung auf

So wie wir da am Steuerrad stehen

So voll froher Erwartung

So glücklich

Und doch so empfindungslos ob der Gefahren

Die Gischt spritzte hoch und bedeckte und benetzte uns

Als hätte uns ein fremdartiger Stern mit seinem Plasma bespuckt

So nah und fremd und fern waren wir allem

Doch wir hielten uns an den Händen,

als wir später an Land gingen drüben auf Kyushi

Die Japanerinnen trippelten mit Ihren Kimonos vorbei
– die Schirme wie Eishütchen aufgespannt

Sie trippelten mit gesenkten Blicken vorbei.

Klick Klack hielten wir uns an den Händen

Und wunderten uns über die Sonneneruptionen die
alle gleichzeitig wie bengalische Feuer aufflammten

Als hätte jemand einen Schalter umgelegt.

Klick Klack.

So sah unser Ende aus.

Danach fragten wir uns, ob wir es jemals wieder ge-
mütlich haben werden.

Wir nahmen untern den Bodhibäumen Platz, nach-
dem wir uns gereinigt hatten, alle Eiweißklümpchen
abgewaschen

Zicke Zacke hoi hoi hoi

Wie gesagt – wir nahmen Platz unter den Bodhibäu-
men.

Erst dann ließen wir unsere Hände los

Und die Damen in ihren Kimonos erlaubten sich wei-
terhin auf ihren schwarz lackierten Getas klick klack
auf den Trittsteinen Lärm zu machen.

Das war alles.

Beängstigend war nur die schwarze Nacht, die sich
auf uns herabsenkte, der Tau benetzte unsere Lip-
pen

Wir tranken.

Kieselsteine rieselten herab

Wie die Forelle , die nach oben springt.

Und zum Adler wird .

Wir sind das Wunder

Jahrein jahraus treten wir leise auf

Es braust um unsere Köpfe der Sturm, der uns einst
fortriss

London Buenos Aires Kopenhagen alles durchschrit-
ten, alles abgewogen, alles abgesucht

Doch das passende Stück wurde nicht gefunden

Das letzte Puzzlestück zu unserem Leben- der
Schlussstein, der das Gewölbe hält

Waren die Jahre des Suchens vergeudet ?

Der Stein, der Druck nach allen vier Seiten ausübt-
der Stein ,der alles zusammenhält

Wo hast Du nicht überall danach gesucht?

In vielen anderen Armen: wie ein Reh in Todesangst
verfolgt von einem Hund hast Du dich immer wieder
gegen den Zaun geworfen.

Es gab keinen Ausweg.

Männer haben Angst davor, dass eine Frau sie

anlügt.

Frauen haben Angst davor, dass ein Mann sie tötet.

Das verschlossene Herz rennt gegen Mauern an.

Das verschlossene Herz weint bitterlich.

Die Tannennadeln fällt herab- ein dichter Teppich auf
dem Waldboden.

Deine Schritte sind wie die Schritte eines Diebs.

Die dunkle Küste voller Teer

Die dunkle Küste mit Skylla + Charybdis

Sie hatten dich mit ihren dunklen Augen in den Bann
gezogen

Doch sie verschonten dich und sie manövrierten dich
mit ihren funkelnden Sternenglanzgabeln aus dem
Strudel heraus –so bist du an diesem ölverschmier-
ten Strand gelandet

Dreckig und speckig und kalt

Deine Rettung ist kläglich

Sie droht dein Untergang zu werden.

Denn am Ende wartet immer das Ende auf uns – ob
es rühmlich oder unrühmlich ist.

Doch dein Herz ist jetzt offen.

Früher

Die Kühle des Nordens

Das ewige Eis

Die Eiskristalle, die greifbar um uns herum flirren

Trocken und kalt ist die Luft.

Das Hundegespann liegt zu deinen Füßen.

Sie dösen abwartend- ab und zu hebt einer seinen
klugen Kopf und schaut auf dich.

Doch du gibst das Kommando noch nicht.

Deine Otter- Pelzmütze umschließt fest deinen Kopf.

Es ist lange her, dass Du auf die Jagd gegangen
bist.

Der Wind treibt den Schnee vor sich her und wirbelt
ihn immer wieder auf.

Flockig leicht in kleinen Schneeblättern, die sich dre-
hend zu Boden fallen lassen.

Der Wind frischt auf.

Die eisigen Berge um dich herum verschwinden in all
diesen Wirbeln und diesem Fegen

Jetzt ist es so weit:

Jetzt gibt es nichts mehr jenseits der Jagd

Dort haben die weißen Schneehasen immer noch ihr
Sommerfell

Jenseits der Jagd sind alle einsam

Die Hunde siehst Du nicht mehr

Der Schnee fällt auf sie

Bald wird auch dich keiner mehr sehen

Nur gespürt wirst Du immer!

Doch siehe- es klart auf

Ein Stück blauen Himmels

Ganz oben über den Sternen

Über Skylla und Charybdis

Ganz oben klart es sich auf.

Jetzt kann der Befehl kommen.

Und Du gibst ihn.

Ja

Frühling

Ein Buchfink, zwei Amseln, ein Rotkehlchen und ein
Specht mit seinem auffälligen rot-weiß-schwarzen
Gefieder

Alle diese kommen jeden Morgen zu mir

Zwischen sechs und sieben Uhr morgens: Dann ist
die Zeit für mich noch in Ordnung.

Sie bringen die ganze Welt zu mir, um sie dann wei-
terzutragen zu Dir

Du öffnest das Fenster und siehst den Buchfinken,
zwei Amseln und manchmal einen Specht mit sei-
nem auffälligen rot – weiß- schwarzen Gefieder

So kommt auch die Welt zu dir.

Jeden Morgen später.

Was ist das für eine Welt, die hier und dort gleich für
jeden von uns entstehen kann?

Geheimes Wissen

Die Streifen der Welt

Du bist sie entlang gegangen

Die Streifen der Welt

Ackerfurchen gleich hast Du nach Essbarem dort ge-
sucht.

Die Streifen der Welt umspannen alle Kontinente

Mit Straßen haben sie nichts gemein

Die Streifen der Welt teilen auch nicht ein

Hier du dort ich Mann Frau Kind Erwachsener tot le-
bendig

Die Streifen der Welt wissen von alledem nichts

Sie führen unter der Oberfläche entlang in alle Rich-
tungen

Und trösten dich bei all der Traurigkeit, die immer da
ist.

Berge

Das bodenlose Erschauern

Die bodenlosen Vorstellungen

Der Traum vom Glück

Kommt dir das nicht bekannt vor?

Die blauen Amseln fliegen über dich hinweg

Schon immer haben sie deine Wege gekreuzt

So zart, so nichts-sagend

Immer im abnehmenden Licht ihr Gefieder putzend.

Der Häuser lange Linien sind viele

Auf und ab bist du gegangen

Die rote Tür hast Du verpasst.

Den Eingang , der nur für dich offen war.

Hoffnungslos wie du warst, hast du eines Tages Tallinn verlassen und bist mit Piet über das Eismeer gesegelt.

Dort oben in der Eiswüste bei den starken Winden, die alle Härchen auf deinem goldenen Körper gefrieren ließen

Dort oben wo keine Sicht mehr herrschte

Wo man Eiskristalle einatmet

Dort oben hast Du gefunden, was du gesucht hast.

Nicht wahr Piet ?

Wir beiden haben die rote Tür in dem Berg Isen gefunden, dem Fabelberg.

Alle Steigeisen gleiten an seinem eisigen Rücken ab.

Waren wir nicht plötzlich sanft mit der Welt?

Eins mit all der Kälte.

Wir ergaben uns und alles hatte Sinn ?

Die Pelzmützen hochgezogen aßen wir das fette Robbenfleisch.

Ein Inuit half uns.

Und von morgens bis abends lachten wir.

Dort droben wurden wir verdorben für die Welt.

Kein Erschauern mehr und wir hörten nur noch Dinge, die auf den Eiskristallen sitzend in unsere Ohren krochen.

Wir waren von Sinnen und Musik war überall.

Familie

Die Träume der Wege

Die Wege des Gesanges

Die Pfade des Blutes

Das Sicherheitsnetz durch das kein Blut tropft.

Die Blutsbande , ein Mantel, der mich umhüllt für das ganze Leben.

Sie helfen durch alles hindurch.

Die Einsamkeit des Lebens , die Härte des Lebens – sie lastet auf uns.

Wir sind Reisende wie die vergehenden Jahre.

Immer noch wissen wir nicht, wie wir ohne Netz und Boden leben sollen.

In all diesen Leben kennen wir uns nicht aus.

Kein Ziel!

Da!

Du siehst einen Vogel mit roter Brust.

DA !

Ich denke an all das Blut, das in Deinem Herzen schlägt.

Variationen des Ich

Blaues Gras im blauen Land
Grüne Limetten im Cocktail
Keine Sorgen am Morgen
Sorglos am Abend
Nur Freude und Segen
Denn ich habe mich noch einmal gesehen
Aufgetaucht aus der Fluten Wandlung.

Draußen vor dem Hochhaus

Zögere nicht, zögere nicht- dies ist der Pfad
Siehst Du das nicht?
Die Zweige vor unseren Fenstern bewegen sich hin
und her
Denn der Wind ist immer bei uns.
Er empfängt dich manchmal mit zarten Klängen
Und die Göttinnen der Weisheit tragen die vier Winde
mit sich.

Wir balancieren alle auf einem Balken
Hoch über dem Abgrund
Jeden Tag   steigen wir aus dem Aufzug und
Los geht es!
Tritt hinaus, aber Dein Kopf ist heute so schwer!
Wie sollst Du es nur schaffen?
Rechts und links der Abgrund.
Sogar der Eichelhäher, der dich jeden Morgen be-
grüßt, schweigt dazu.

Du kehrst um, denn die Gefahr ist zu groß, dass Du
Dein Leben verlieren könntest.

Tropfen perlen nicht ab.

Es gibt keine Widerstände mehr

Worin sollst Du jetzt noch Trost finden?

Vielleicht mutet man dir keinen Frühling mehr zu.

Orpheus schweigt.

Auch du schweigst und trittst von neuem hinaus.

Es fällt Regen und doch gibt es

Kein Moos weiter unten.

Auch nicht auf dem Asphalt weit unten.

Du streckst den Kopf heraus, um ganz nach unten
sehen zu können.

Es ist nicht so, dass Du freiwillig gehst

Man winkt dich hinüber.

Doch wenn Du abstürzt, wer hält dich?

Gibt es sie noch, die Engel, die uns geleiten?

Die Zweige vor meinem Fenster bewegen sich.

Der Wind ist immer bei uns.

Er empfängt mich mit zarten Klängen

Und die Göttinnen der Weisheit tragen die vier Winde
mit sich.

Das goldene Vlies

Die braune Erde wogt nicht mehr.

Die braune Erde wächst an deinen Schenkeln empor.

Wie der bodenlosen Scham gebeugte Fingerkuppe.

Wie der Bruch zwischen uns.

Gottgleiches Geschmeide

Gottloses Gerede

Ich bin in den Galerien auf-und abgegangen-

Das berühmte Bild mit dem goldenen Vlies habe ich nicht gefunden.

Jason versteckte sich vor mir –vor uns – ein blutiger Anfänger.

Ein blutiger Anfänger nach der Zeit des Trostes.

Ich möchte gerne darüber staunen und wie Medea auf einem offenen Wagen durch die Lüfte nach Athen fliehen.

Es bleibt offen.

Ich möchte tanzen, aber meine Füße sind zusammengebunden.

Ich möchte traurig sein, aber die Liebe hält mich fest.

Wie eine Spirale zurückgebogen. So sind wir.

Wenn wir die Fahnen aus ihren Verstecken holen
und draußen marschieren, kommen wir doch nicht
voran.

Seht ihr nicht die Kerben der Vergangenheit auf un-
seren Körpern?

Jeder Körper ist voller Krater und Einschüssen.

Doch keiner kann es beim anderen spüren.

Auf steilem Wege bist Du zu den Alpenrosen hoch-
gestiegen- fast hättest Du auf halbem Wege aufge-
geben.

Sie blühen nur einen kurzen Bergsommer lang und
leuchten

Zwischen den Latschen empor.

Sie sind das Flammenschwert des Erzengels

Gabriel.

Auch hier bleibt der Abgrund links liegen.

Das ist der einzige Trost, den wir haben -

Den blutenden Regen aus dem Himmel.

Das gezückte Schwert.

Einen Flächenbrand in deinem Herzen haben sie
ausgelöst.

Weißt Du es noch, die roten Gräser draußen im Moor
letzten Herbst?

Du warst fassungslos ob meiner Wut und fragtest
mich, ob ich mich erinnern könnte, damals als du mir
den Strauß mit den Alpenrosen gepflückt hattest.

Dieselbe Wut.

Du hast Verbotenes getan.

Wie sollte ich mich erinnern, wo doch alles nur im Gedächtnis der Bäume liegt?

Wir schlagen keine Wurzeln –wir sind traumgleich

Wir spüren nur das Wehen der Winde und die roten Küsse auf unserer Haut.

Und die Erleichterung, die uns das Flammenschwert gibt.

Zeitfracht Medien GmbH
Ferdinand-Jühlke-Straße 7
99095 Erfurt, Deutschland
produktsicherheit@kolibri360.de